AF606255

CICERÓN

DE LA VEJEZ

CICERÓN

DE LA VEJEZ

Traducción de **David León**
Ilustraciones de **Daniel Montero**

ALMA PENSAMIENTO ILUSTRADO

Título original: *Cato Maior seu De senectute*

© de esta edición:
Editorial Alma
Anders Producciones S.L., 2025
www.editorialalma.com
@almaeditorial

© de la traducción, 2025, David León
© de las ilustraciones: Daniel Montero, 2025

Diseño de la colección: Estudi Miquel Puig
Diseño de cubierta: Estudi Miquel Puig
Realización editorial: La Letra, S.L.

ISBN: 978-84-10206-78-6
Depósito legal: B-13075-2025

Impreso en España
Printed in Spain

Este libro contiene papel de color natural de alta calidad que no amarillea (deterioro por oxidación) con el paso del tiempo y está hecho de material proveniente de bosques certificados FSC® bien manejados y de otras fuentes controladas.

Todos los derechos reservados.
No se permite la reproducción total o parcial del libro, ni su incorporación a un sistema informático, ni su trasmisión en cualquier forma o por cualquier medio, sea este electrónico, mecánico, por fotocopia, por grabación u otros métodos, sin el permiso previo por escrito de la editorial.

ÍNDICE

PRESENTACIÓN

El pueblo de Roma derrocó al último de sus reyes a finales del VI a. C., doscientos cuarenta y cinco años después de la fundación de la ciudad. Cuatro siglos más tarde, la república que fue a sustituir a la monarquía había alcanzado grandes logros: su territorio se había extendido desde el Lacio, región del centro de la península itálica bañada por el mar Tirreno, hacia el resto del Mediterráneo para incluir, entre otras tierras, la península ibérica, el Peloponeso, parte de Anatolia y una porción considerable de la Galia. Pero, tras siete siglos de andadura, a finales del VI a. C., lo que había sido una comunidad de labradores de legendaria integridad se hallaba infectado por la corrupción, el deterioro de la economía y el enfrentamiento entre facciones políticas. En este contexto se sitúa la actividad filosófica, política y oratoria de Cicerón, defensor a ultranza del régimen republicano, que caería poco después de su muerte para dar paso a la etapa imperial.

Homo novus

Marco Tulio Cicerón nació en 106 a. C. en una familia de Arpino que, pese a su condición acomodada, carecía de linaje noble. Aquel joven ambicioso, por tanto, no pertenecía a la minoría que tradicionalmente había acaparado los cargos públicos y solo a través de su profesión de abogado consiguió alzarse a lo más alto del escalafón político. Su padre se propuso que su hermano, Quinto, y él recibieran la mejor formación tanto en Roma como en Grecia, y Cicerón —que, según parece, articulaba mal y tenía la voz débil (en las páginas que siguen podremos oírlo hablar, por boca de Catón, de la modulación de aquella y de cómo varía con la edad)— la aprovechó. No dejó nunca de estudiar con ahínco para perfeccionar su oratoria ni de hacer ejercicios de dicción (también en compañía de actores) que lo llevaran a superarse en este campo. También desarrollaría con el mismo objeto métodos mnemotécnicos y estenográficos que han llegado a nuestros días.

Se estrenó en la abogacía en el año 81, aunque fue entre 80-79 cuando se hizo notar en su profesión al ejercer la defensa en una falsa acusación de parricidio. Su victoria, sin embargo, le ganó poderosas enemistades que lo llevaron a refugiarse en Grecia, donde prosiguió sus estudios hasta el año 78.

A su vuelta comenzó a medrar en el *cursus honorum*, la sucesión de cargos que podían ocuparse en la magistratura. Su trayectoria fue excepcional, pues se hizo con los tres más relevantes —cuestor (75 a. C.), pretor (66) y cónsul (63, con Gayo Antonio Híbrida)— al primer intento y con la edad mínima exigida, pese a no proceder, recordémoslo, de una familia senatorial. La del consulado era la mayor dignidad que podía obtenerse en la república, de modo que alcanzarlo lo convirtió en *homo novus*, esto es, en el primer noble de su estirpe. Eso sí, el que lo llevó a tal puesto no fue un camino de rosas, hasta el punto de que durante las elecciones tomó la precaución de llevar bajo la toga una armadura.

El gran perdedor de aquellos comicios fue Lucio Sergio Catilina. Este organizó entonces una conjura para dar un golpe de Estado que, de haber salido adelante, habría supuesto el fin de la república. Cicerón defendió la causa contra él ante el Senado y logró que lo condenaran gracias a una serie de cuatro discursos que recibieron el nombre de *Catilinarias*. Esa victoria le reportó una gran notoriedad y, por primera vez desde hacía tres siglos, el título honorífico de *pater patriae*.

Con todo, su amada república tenía los días contados.

Pompeyo, Craso y Julio César formaron en 60 a. C. un triunvirato que se hizo con los hilos de la política de Roma. Invitaron a Cicerón a sumarse a ellos, pero él prefirió guardar fidelidad al Senado y a la república.

Publio Clodio Pulcro, antiguo partidario suyo enemistado con él a esas alturas, recomendó en 58 la aprobación de una ley que lo perjudicaba. La entrada en vigor de dicha legislación lo condenó al exilio, primero en Tesalónica y luego en Ilírico, donde se entregó al estudio de la filosofía. En 57 vuelve a Roma gracias a la intercesión, entre otros, de Pompeyo, y el pueblo lo aclama durante todo el camino.

Años más tarde, en 49, la muerte de Craso mientras Julio César culmina la conquista de las Galias conduce a la lucha de por el poder absoluto de este último y Pompeyo. César provoca una guerra civil y Cicerón se pone del lado de aquel, aunque sin mucho entusiasmo, pues, en el fondo, le da igual quién se erija en vencedor: lo que importa es que la república está a punto de dar paso al imperio.

La victoria de César en 45 supone todo un mazazo. Si bien se le permite regresar a Roma, debe mantenerse al margen de la política, lo que lo lleva a centrarse en sus escritos filosóficos. De esta época proceden sus traducciones del *Timeo* o el *Protágoras* de Platón, así como sus *Tusculanae, De Natura Deorum, De Amicitia, De Officiis* o la obra que presentamos, *De Senectute*. Estamos ya en el año 44, el momento en que finalmente, el 15 de marzo, cae asesinado el hombre que se ha erigido en dictador perpetuo.

Aunque Cicerón no participa en estos hechos, ve naturalmente con buenos ojos tal fin, así como el ascenso al poder de Octaviano, el sobrino nieto de Julio César. De nuevo renacen las esperanzas en la restauración de la república. Se convence de que al Senado no le será difícil servirse del joven y apartarlo a continuación; pero subestima la madurez del futuro emperador, que decide aliarse con Marco Antonio y formar un segundo triunvirato con él y con Marco Lépido. El pacto que firman los tres compromete a cada uno de ellos a ayudar al resto a acabar con sus enemigos. Marco Antonio ya tenía a Cicerón en su lista negra y Octaviano, que conoce sus intenciones de arrinconarlo tras utilizarlo, no tiene nada que objetar a su asesinato.

El 7 de diciembre de 43 a. C., mientras huía en su litera, oyó llegar a quienes lo perseguían y pidió a sus porteadores que lo bajasen. Al verlo cubierto de polvo y desaliñado, todos se cubrieron el rostro mientras su verdugo le cortaba las manos y la cabeza. «Aseguraos por lo menos de decapitarme como está mandado», pidió Cicerón. Marco Antonio hizo clavar tan cruento trofeo en los *rostra* del Foro, el lugar reservado a los oradores, a modo de advertencia para sus oponentes.

No solo rétor

Muchas han sido las aportaciones de Cicerón a ámbitos diversos como la historia, la filosofía y hasta la lengua y la literatura latinas. La profusa correspondencia que mantuvo con sus parientes o con su amigo Ático, y de la cual han llegado a nuestros días más de ocho centenares de cartas gracias a su liberto Tirón, nos ofrece un testimonio único de la vida cotidiana de su época, por más que peque, por supuesto, de subjetiva y que deforme ciertos hechos. En cuanto a lo literario, no sería exagerado parangonarlo con un Shakespeare, no tanto por las modificaciones que introdujo en el hexámetro —pues, aun no careciendo de maestría, tampoco pasó de ser un poeta menor— como por la invención de términos o la asignación de nuevos significados a palabras ya existentes (muchos de los cuales, como *moral* o *ciencia*, por nombrar solo dos, han llegado hasta nuestros días) a fin de hacer posible traducir del griego conceptos filosóficos tradicionales que no tenían equivalente en su lengua.

Por más que hoy se considere de forma poco acertada que su pensamiento tiene escasa originalidad, lo cierto es que durante muchos siglos se tuvo a Cicerón por uno de los grandes filósofos del mundo antiguo. San Agustín, sin ir más lejos, aseveraba que había sido su *Hortensio* lo que lo había apartado de una vida pecaminosa y lo había conducido hacia la filosofía y, a la postre, hacia Dios, y el ascendiente del que disfrutó durante el Renacimiento (Erasmo, Petrarca, etc.) no tuvo nada que envidiar al de Platón o Aristóteles. Gracias a él conocemos a las escuelas griegas de su tiempo, pues había estudiado con escépticos, peripatéticos, estoicos y epicúreos. Con todo, no dejó nunca de ser fiel al espíritu de la Academia platónica y al aristotélica, sobre todo en lo tocante a la epistemología.

Para Cicerón, la filosofía ha de subordinarse a la política y orientarse hacia la defensa de la república. Su cometido debe consistir en el mantenimiento de la virtud, que a su vez debe empujar al individuo —y en particular a la clase senatorial, obligada a dar ejemplo— a la salvaguardia de la estabilidad social. Solo así podrá recuperar la república su antiguo esplendor. En sus discursos, este conservador moderado gustaba de recalcar la necesidad de colaboración entre idearios opuestos y la concordia entre clases por el bien de la república, aunque no duda en denostar sin piedad a sus enemigos, y solía mostrarse dispuesto a transigir en el terreno de sus ideales si consideraba que tal cosa beneficiaría a dicha forma de gobierno. Téngase en cuenta, eso sí, que la república, que en su opinión combinaba lo mejor de la monarquía, la aristocracia y la democracia, se parecía menos al concepto que hoy tenemos de esta última que a una oligarquía.

Cato Maior o *De senectute*

La composición del tratado data de 44 a. C., un año antes de la muerte del autor. Este cuenta entonces sesenta y dos años, y Ático, sesenta y cinco; por eso habla de la vejez como «esta carga común que nos aflige a los dos y que, si aún no se ha manifestado de manera abrumadora, acecha ya a la vuelta de la esquina». Hay que tener presente que, en la antigua Roma, la niñez se prolongaba hasta los diecisiete años y la etapa adulta acababa a los cuarenta y seis, edad a la que, por ejemplo, se licenciaban los soldados, y, pese a lo que suele pensarse, entonces no era tan infrecuente disfrutar de una vejez prolongada: lo difícil —y por eso la esperanza de vida era mucho menor que en nuestro tiempo— era superar la infancia. Cicerón dedica la obra a su gran amigo Tito Pomponio Ático, editor y asesor financiero de nuestro abogado, además de destinatario de buena parte de su correspondencia. El texto adopta forma de diálogo (más aristotélico que platónico) en el que el sabio Catón el Viejo (234-149 a. C.), conversando con el famoso militar Escipión Emiliano (185-129 a. C.) y su amigo Cayo Lelio (cónsul en 140 a. C.), mucho más jóvenes que él, expone el modo de alcanzar una vejez dichosa como la suya.

Ante todo deja claro que los cimientos de una senectud libre de los padecimientos que suelen atribuirse a la edad deben sentarse cuando se es joven, mediante una vida sana y virtuosa, y a través de la formación del carácter, pues dichas tribulaciones aquejan a las personas de forma diferente dependiendo de su disposición. A continuación, enumera los cuatro defectos más relevantes que suelen achacarse a la vejez.

El inventario le servirá de guion para el resto del diálogo, en cuyo desarrollo los rebatirá uno a uno:

- *Los ancianos no pueden llevar una vida activa ni manejar los asuntos de los que se encargaban de jóvenes.* En realidad, son perfectamente capaces, porque compensan con su sabiduría, su introspección y su prudencia, lo que les falta de aptitud física. La república necesita tanto a unos como a otros. De hecho, en la edad provecta se desarrollan nuevos intereses que resultan de provecho.

- *El cuerpo se debilita* a la vejez. Tal cosa es innegable. Pero tampoco el joven posee toda la fuerza que desearía y no por ello se considera menos valioso. Lo importante es actuar en proporción al vigor que posea cada uno; dar lo más que se pueda en cada momento y, sobre todo, como buen estoico, no dolerse de la fuerza perdida ni desear la que nunca se ha tenido.

  En este sentido, el ejercicio corporal e intelectual y la moderación en el comer y el beber pueden ayudar a mantener en un futuro la fortaleza física, pues es frecuente que a quien no se ha cuidado de joven el organismo deje de responderle en la vejez. Una vez alcanzada cierta edad, son las capacidades mentales las que más habremos de desarrollar.

- *La gente mayor no disfruta de los placeres de la vida.* Por el contrario, cosas como la comida o la bebida siguen resultando agradables a los ancianos y, de hecho, Catón dice gozar más que cuando joven de los momentos en que comparte mesa con amigos. Es más: la moderación que lleva aparejada la edad en estas ocasiones resulta incluso beneficiosa a la hora de sacar provecho de ellas.

En cuanto a los placeres sexuales, el no tenerlos en abundancia no significa que no se gocen ni que no haya otros modos de hacerlo, como disfruta el espectador que está al fondo de la grada en el teatro de otro modo que el que ocupa un asiento de primera fila.

- Por último, los ancianos *saben que tienen cerca la muerte*; pero, en primer lugar, el hombre sabio es consciente de que no debe temerla. De hecho, tendría incluso que desearla tras haber disfrutado de una vida plena. Al cabo, no hay nada más natural, y no en vano enseñan los estoicos que el hombre debe vivir en conformidad con la naturaleza. Tampoco el joven puede asegurar que la muerte no lo esté esperando a la vuelta de la esquina, de modo que, además, el viejo puede presumir de haber alcanzado lo que quien aún no ha vivido tanto está ansiando lograr: una existencia larga.

  Como demostraría, según nos cuentan, al enfrentarse a sus perseguidores en el momento de la suya propia, Cicerón no cree que una muerte honrosa tenga nada de malo. Esta postura lo acerca de nuevo al estoicismo. Sin embargo, si bien este tolera el suicidio si está justificado, él, como Platón y Pitágoras, se opone a tal recurso extremo.

A la par que se argumentan los consejos (y consuelos para la vejez), estas líneas nos ofrecen retazos de la vida de Catón —su residencia entre los sabinos, su tratado *Sobre la agricultura…*— y también, todo sea dicho, algunas inexactitudes —involuntarias o intencionadas a fin de demostrar un punto o ensalzar a un personaje—, como falsas etimologías, datos errados (por ejemplo, la alusión a Pelias, a quien confunde con Esón, hermano suyo de madre) y giros poco frecuentes en el latín elegante, como *dicitur dixisse* («dicen que dijo»). Naturalmente, tampoco se abstiene Cicerón de salpicar el texto con las críticas a las que nos tienen acostumbrados sus discursos, como las que de forma más o menos velada vierte contra Epicuro («uno de Atenas que se tenía por sabio») y sus seguidores, entre quienes se contaba, por cierto, el mismísimo Ático.

La presente edición

El objeto de nuestro *De la vejez* es, por encima de todo, hacer accesible al lector el texto original sin que pierda su sabor clásico y sin renunciar, en la medida de lo posible, a ciertas peculiaridades del estilo ciceroniano. Se han seguido principalmente las lecturas de James S. Reid y William Armistead Falconer.

No es esta una edición filológica y evita, con la intención de hacer más natural la lectura, la introducción de notas aclaratorias. A tal objeto, se han tomado licencias mínimas en la traducción del latín (como se hace evidente en los fragmentos en los que el autor explica la procedencia de determinados términos) y se ha añadido en esta presentación cierta información complementaria.

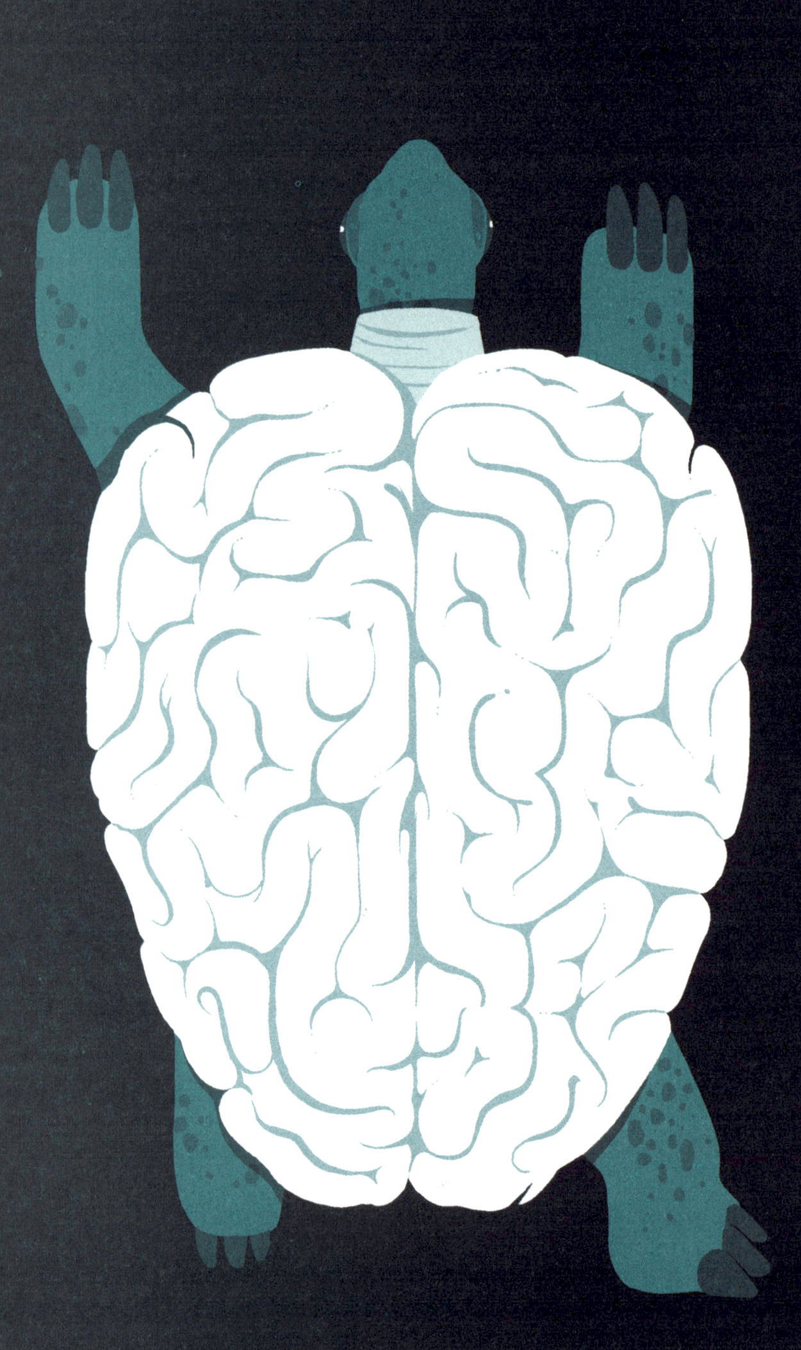

DE LA VEJEZ

I

Tito, si logro ayudarte y calmo con ello tu pena,
esa que te arde en el pecho, dándote odioso tormento,
¿qué recompensa me aguarda?

Me permito, Ático, dirigirme a ti con los mismos versos con los que se dirigió «ese varón sin fortuna, / digno de crédito empero» a Flaminino, y eso que tengo por cierto que, a diferencia de este, no «pasas la noche y el día, / Tito, sumido en la angustia.», porque te sé de espíritu tranquilo y moderado y entiendo que trajiste de Atenas no solo el gentilicio de los de allí, que llevas por sobrenombre, sino su ilustración y su prudencia.[1]

1. Conviene añadir una aclaración inicial a este preámbulo del tratado, que puede resultar oscuro. Los versos citados son los hexámetros que dedica Quinto Ennio (239-169 a. C.) en sus *Anales* a lo ocurrido al cónsul Tito Quincio Flaminino cuando, en 198 a. C., se hallaba apostado frente a la hueste de Filipo V de Macedonia, bien defendida en los montes situados entre Epiro y Tesalia. Después de cuarenta días tratando de dar con el modo de acceder al campamento enemigo, se presentó ante él un pastor mandado por el caudillo epirota Caropo con una ofer-

Pese a todo, sospecho que te preocupan las mismas cosas que tanto me angustian a mí mismo en ocasiones, y cuyo consuelo habrá que buscar —ardua tarea— en un momento más propicio.

Por ahora, me ha parecido oportuno escribirte sobre la vejez. Pues quiero aliviarnos, a ti y a mí, de esta carga común que nos aflige a los dos y que, si aún no se ha manifestado de manera abrumadora, acecha ya a la vuelta de la esquina. No tengo la menor duda de que tú, en todo caso, la estás llevando y la llevarás, como haces con todo, con sabiduría y serenidad, y, sin embargo, a la hora de proponerme escribir sobre ella, no dejaba de pensar en ti como digno de este obsequio del que podremos sacar provecho juntos. Tan placentera me ha sido, de hecho, la redacción de este libro que no solo ha logrado atenuar la desazón de la senectud, sino que la ha hecho hasta dulce y agradable. Resulta imposible alabar la filosofía tanto como merece cuando permite a quien se entrega a ella vivir sin preocupaciones cada etapa de su existencia.

De otras cosas ya he hablado a menudo y todavía me queda mucho por hablar: en este libro que te dedico me centro en la vejez. Pero el discurso lo he atribuido no a Titón, como hizo Aristón de Ceos —pues poca autoridad puede tener un personaje ficticio—, sino a Marco Catón el Viejo, lo que otorga un mayor crédito al diálogo, y he situado en su casa a Lelio y Escipión, admirados ambos por la serenidad con la que abordan su senectud y a quienes él responde. Si da la impresión de que expone sus argumentos con

---

ta muy tentadora. El mensajero propuso guiarlo hasta allí a cambio de un pago, la recompensa a la que aluden los versos con que arranca *De la vejez*. Cicerón los elige por compartir *Flaminino praenomen* con su gran amigo Tito Pomponio Ático, el editor y destinatario de buena parte de su correspondencia, a quien también apesadumbraban en ese tiempo ciertas circunstancias derivadas posiblemente de la convulsa situación política del momento. *(N. del T.)*

más erudición de la que acostumbraba mostrar en sus libros, puedes atribuirlo a las obras griegas que, según sabemos de buena tinta, estudió con empeño siendo ya mayor. No hace falta que me extienda más: que sea la voz del mismísimo Catón la que exponga cuanto pienso de la vejez.

II

Escipión. Son muchísimas las veces que, con Gayo Lelio, aquí presente, he admirado no solo la sabiduría, excelente y sin tacha, que posees sobre otros asuntos, sino, sobre todo, el hecho de que, a mi entender, no te haya pesado nunca la senectud, la misma que tan fastidiosa resulta a la mayoría de los ancianos y que, dicen, pesa más que el Etna.

Catón. Me parece, Escipión y Lelio, que os admiráis de algo que dista de ser difícil. A quienes no tienen en su interior lo que hace falta para llevar una vida virtuosa y feliz no hay edad que no les pese, mientras que a quienes buscan el bien en sí mismos nada de cuanto se les pone delante por necesidad natural puede parecerles malo. Entre esta clase de cosas destaca la vejez, algo que todo el mundo quiere conseguir y todo el mundo colma de reproches cuando la alcanza; a tal punto llegan la inconstancia y la perversidad de la insensatez. Se quejan de que los sorprende al llegarles antes de lo que habían calculado. ¿Quién les manda, de entrada, hacer un cálculo tan errado? ¿Es que el paso de la juventud a la vejez nos llega con menos rapidez que el de la infancia a la juventud? Y, en segundo lugar, ¿es que sería menos onerosa para ellos si les llegara a los ochocientos años en vez de a los ochenta? Por largo que sea el tiempo vivido, nada podrá hacer por dar consuelo a una senectud estúpida una vez que se ha escapado.

Así pues, si algo poseo de esa sabiduría que tenéis por costumbre admirar —y que ya quisiera yo que fuese digna de vuestra opinión y de mi apellido—, es en la medida en que sigo a la naturaleza como al mejor de los guías y la obedezco como a un dios. Y no cabe pensar que, habiendo dispuesto con tan buen tino el resto de las partes de nuestra vida, haya consentido en descuidar el último acto como haría un dramaturgo desmañado. Aun así, es indispensable que haya una jornada final, como ocurre también con los frutos de los árboles y las plantas del suelo, que, alcanzada a su debido tiempo la madurez, se marchitan y caen al suelo, cosa que el sabio debe aceptar con ecuanimidad. ¿O no está actuando quien se opone a la naturaleza como los titanes cuando se alzaron contra los dioses?

LELIO. De cualquier manera, Catón, y creo poder hablar también en nombre de Escipión, nos harías un gran favor si, ya que esperamos (deseamos, más bien) llegar a viejos, nos indicaras con mucha antelación qué consideraciones deberíamos tener en cuenta para sobrellevar con mayor facilidad el peso de los años que se van acumulando.

CATÓN. Lo haré encantado, Lelio, y más aún si, como dices, os resulta grato.

LELIO. Claro que sí, Catón, si no es molestia. Nos gustaría, ya que tú has recorrido el largo camino que también nosotros deberemos emprender, ver adónde te ha llevado.

III

Catón. Haré lo que pueda, Lelio, ya que he escuchado muchas veces las quejas de mis coetáneos (por algo dice el antiguo proverbio que los de igual condición acaban en reunión), como las que expresaban Gayo Salinátor y Espurio Albino, gentes de rango consular de más o menos mi misma edad, por verse privados de los deleites sensuales, sin los cuales la vida no era vida en su opinión, o desdeñados por quienes en otro tiempo los trataban con deferencia.

Eso sí, tengo para mí que atribuían la culpa a lo que culpa no tiene; pues, si se debieran a la vejez, nos aquejarían los mismos males a mí y al resto de los ancianos, cuando yo he conocido a muchos que han visto transcurrir su senectud sin queja y ni se han molestado por haber perdido las cadenas que los ligaban a la libido, ni han sufrido el desdén de los suyos. La culpa de cuanto los lleva a lamentarse no la tiene la edad, sino el carácter. Pues los ancianos que saben dominarse y no son cascarrabias ni groseros conocen una vejez llevadera, mientras que un carácter insolente e inhumano vuelve molestos todos los períodos de la vida.

Lelio. Así es, Catón, ni más ni menos. Pero habrá quien diga que tus recursos, tus medios y tu posición hacen más tolerable tu vejez, y que esa es una suerte que no muchos comparten.

CATÓN. Lo que dices, Lelio, no está falto de razón, aunque no ofrece, ni por asomo, una explicación completa. Es como cuando, respondiendo durante una discusión a cierto ciudadano de Serifo que le había dicho que su reputación no se debía a su propia gloria, sino a la de su patria, dijo Temístocles: «Por Hércules que ni yo sería célebre si fuese serifio ni tú si fueras ateniense». Lo mismo cabe decir de la senectud, pues ni en la penuria más extrema puede ser tolerable al hombre sabio, ni dejará de ser insoportable al necio aun cuando estuviese rodeado de riquezas.

Es innegable, Escipión y Lelio, que las armas más apropiadas de las que puede servirse la vejez son el conocimiento y el ejercicio de las virtudes, que, de cultivarse en todas las edades de la vida, brindarán frutos magníficos después de una vida larga y productiva, no solo porque nunca lo abandonan a uno, ni siquiera en el final mismo de sus días (cosa ya de trascendencia inigualable), sino también por lo agradables que resultan la conciencia de una vida bien llevada y el recuerdo de un gran número de acciones nobles.

IV

Yo quería a Quinto Máximo, el mismo que reconquistó Tarento, como a un amigo de mi edad aunque era ya mayor siendo yo joven; pues había en aquel hombre una seriedad templada por una dosis de afabilidad que la vejez no había logrado cambiar. Con todo, cuando empecé a tratarlo, no era muy anciano, por más que estuviera ya entrado en años. De hecho, había sido cónsul por primera vez un año después de nacer yo; en su cuarto consulado, siendo yo mozo, marché de soldado suyo a Capua y, cinco años después, a Tarento. Cuatro más tarde, me hicieron cuestor, cargo que ejercí siendo cónsules Tuditano y Cetego, cuando él, anciano ya, pronunció discursos en favor de la Ley Cincia sobre pagos en dinero o especie. Guerreaba como un jovenzuelo aun siendo de edad muy avanzada y logró contener con su paciencia el juvenil ardor de Aníbal. Mi amigo Ennio le dedicó este insigne comentario:

Con dilaciones un hombre   restituyó nuestro Estado.
Más le importó su defensa   que la opinión de sus gentes,
y hoy, por aquel gesto heroico,   brilla más limpia su gloria.

Es de ver con qué desvelo, con qué destreza recobró Tarento. Yo estaba delante cuando Salinátor, quien, una vez perdida la ciudad, había huido a la fortaleza, le dijo henchido de arrogancia:

—Si no llega a ser por mí, Quinto Fabio, no habrías reconquistado Tarento.

—Es verdad —respondió él riendo—, porque, si tú no la hubieses perdido, yo nunca habría podido reconquistarla.

Y, desde luego, no se distinguió más vistiendo de soldado que con la toga de paisano. Durante su segundo consulado, y ante la inacción de su colega Espurio Carvilio, se opuso con todas sus fuerzas al tribuno de la plebe Gayo Flaminio cuando este quiso parcelar las tierras de Piceno y la Galia contra la voluntad del Senado y, siendo augur, tuvo el valor de decir que cuanto se hiciera por la seguridad de la República contaba con los mejores auspicios, en tanto que todo lo que se emprendiera en perjuicio de esta se haría bajo auspicios desfavorables.

Muchos son los hechos distinguidos que le conocí a este hombre, pero ninguno más extraordinario que el modo como sobrellevó la muerte de su hijo, eximio varón de dignidad consular. De sobra es conocida la oración fúnebre que pronunció entonces y no hay quien la lea que no tenga en menos a todos los demás filósofos. No solo era grande en público y a la vista de sus conciudadanos, sino que descollaba, y más aún, en la intimidad del hogar. ¡Qué conversación la suya! ¡Qué enseñanzas! ¡Qué erudición acerca del pasado y de las leyes de los augures! Había leído mucho para ser romano, y no había cosa que no conociera no ya de nuestras guerras intestinas, sino también de las que se habían dado en el extranjero. Yo ansiaba su conversación con tanto anhelo como si adivinara que, tal como ocurriría de hecho, a su muerte me quedaría sin nadie de quien aprender.

V

¿A cuento de qué digo todo esto de Máximo? Para que no os quede duda alguna de que sería cosa atroz considerar desgraciada una senectud así. Por supuesto, no todo el mundo puede ser un Escipión o un Máximo y recordar las ciudades que ha conquistado, las batallas terrestres y navales en las que ha lidiado, las campañas que ha llevado a término y todas sus victorias. También se da la vejez plácida y serena de una existencia vivida con quietud, de un modo puro y delicado, como la que le conocemos a Platón, quien murió a los ochenta y uno sin dejar nunca de escribir; o a Isócrates, quien decía haber compuesto el libro que lleva por título *Panatenaico* a los noventa y nueve y aún habría de vivir otros cinco años más. Su maestro, Gorgias de Leontinos, llegó a superar los ciento siete sin abandonar nunca su estudio ni sus demás ocupaciones y, cuando le preguntaron por qué había deseado una vida tan larga, contestó: «Nada tengo que achacarle a la vejez». Una respuesta esclarecida, digna de un hombre cultivado.

Son, de hecho, los insensatos quienes atribuyen a la senectud sus propios vicios y sus faltas, cosa que no hacía Ennio, a quien he mencionado hace un momento:

Como el caballo que suele   vencer en la última vuelta
de las carreras olímpicas   reposa al hacerse viejo.

Aquí compara con la suya la vejez de un caballo fuerte y victorioso. Lo recordaréis bien, puesto que solo habían pasado diecinueve años de su muerte cuando hicieron cónsules a Tito Flaminino y Manio Acilio, todavía en el cargo, y aún vivía cuando obtuvieron tal dignidad Cepión y Filipo —este por segunda vez—, época en la que yo, a mis sesenta y cinco, defendí en voz bien alta y con robustos pulmones la Ley Voconia. A los setenta, que fueron los que vivió, Ennio sobrellevaba las dos cargas que se consideran las más onerosas de todas, la pobreza y la vejez, de tal modo que casi parecía que se deleitara con ellas.

En realidad, si me paro a analizarlas, se me ofrecen cuatro razones por las que puede parecer desdichada la senectud:

- en primer lugar, por impedirnos que nos ocupemos de nuestras actividades;
- además, por hacer que se debilite el cuerpo;
- en tercer lugar, por privarnos casi por completo de los placeres sensuales,
- y por último, por no hallarse muy lejos de la muerte.

Veamos, si os parece bien, en qué medida está justificado cada uno de estos motivos.

VI

Nos impide ocuparnos de nuestras actividades.

¿Qué actividades? ¿Las que se emprenden cuando se tienen juventud y vigor? ¿Es que no las hay apropiadas para los mayores, que puedan llevarse a término con la cabeza aun cuando el cuerpo se encuentre débil? ¿No hacía nada entonces Quinto Máximo, ni tu padre, Escipión, Lucio Paulo, suegro de ese gran hombre que era mi hijo? Y esos otros ancianos, un Fabricio, un Curio, un Coruncanio, ¿no hacían nada cuando defendían el Estado mediante su consejo y su influencia?

Apio Claudio, por cierto, además de hacerse viejo se quedó ciego; lo que no le impidió, cuando la opinión del Senado se inclinaba por hacer la paz y firmar una alianza con Pirro, decir aquello que Ennio expresaría después en verso:

¿Dónde van hoy vuestras mentes, que antes andaban derechas
y hoy serpentean dementes por senderos tortuosos?

A lo cual siguen otros términos de peso, aunque ya conocéis el poema y, además, disponemos del discurso del propio Apio. Lo pronunció diecisiete años después de su segundo consulado, y eso que entre este y el primero habían transcurrido diez y que antes que cónsul había sido censor, con lo que huelga decir que en tiempos de la guerra con Pirro estaba ya entrado en años. Sin embargo, así nos lo presenta la tradición.

Nada aducen, pues, quienes niegan la posibilidad de una vejez activa. Es como si sostuvieran que el piloto no tiene cometido alguno en la navegación por el hecho de que, mientras unos se encaraman a los palos, otros corren por los pasamanos y otros achican la sentina, él está sentado en la popa sin otro quehacer que sostener la caña del timón. No estará haciendo lo que los más jóvenes de la tripulación, pero su cometido es mucho más importante y de mayor envergadura. Las grandes cosas no se hacen por la fuerza, la velocidad ni la destreza del cuerpo, sino mediante el consejo, la influencia y la opinión, facultades de las que los viejos, lejos de estar faltos, se encuentran bien provistos.

A no ser que penséis que yo, que he sido soldado, tribuno militar, lugarteniente y cónsul en toda clase de guerras, he dejado de hacerlas ahora que no voy al campo de batalla. En cambio, indico al Senado cuáles hay que emprender y cómo conducirlas. Muevo hostilidades con mucha antelación contra Cartago, que ya lleva tiempo albergando malas intenciones y a la que temeré mientras no tenga noticia de que ha quedado arrasada por completo. Que los dioses inmortales, Escipión, te reserven la gloria de culminar lo que dejó inacabado tu abuelo. Treinta y tres años hace ya de su muerte, pero no pasará ninguno de cuantos están por venir en el que no perviva la memoria de aquel varón. Murió un año antes de adquirir yo el cargo de censor, nueve después de mi consulado, y, estando yo en el cargo, lo nombraron cónsul por segunda vez. ¿Y si hubiese llegado a cumplir cien? ¿Se dolería de su vejez? No se dedicaría, claro, a correr ni a saltar, ni a arrojar la lanza o combatir cuerpo a cuerpo con la espada, sino a ofrecer consejo, razón y juicio. Si no abundaran estos en la senectud, no habrían llamado nuestros mayores *Senado* al consejo supremo. También entre los lacedemonios, quienes ejercen la más elevada magistratura reciben el nombre de *ancianos* porque lo son. Si os proponéis leer o escuchar la historia de las naciones extranjeras, comprobaréis que los más grandes Estados se han visto arruinados por jóvenes, y sostenidos y reconstruidos por viejos.

¿Cómo habéis perdido así   un Estado como el vuestro?

Tal cosa preguntan en la obra *Lupo*, del poeta Nevio. De entre diversas respuestas, esta es una de las principales:

Por manejarlo oradores   mozos y de poco seso.

La temeridad, salta a la vista, es tan propia de quien está en la flor de la edad como lo es la prudencia de quien envejece.

VII

«Pero la memoria va menguando», pensaréis. Ya lo creo: si no la ejercitas o eres de natural poco despierto. Temístocles sabía los nombres de todos sus conciudadanos. ¿Creéis que de viejo empezó quizá a llamar Lisímaco a quien se llamaba Arístides? Yo, sin ir más lejos, me acuerdo no ya de los vivos, sino de sus padres y sus abuelos, y cuando leo sus sepulcros no temo perder la memoria como dicen que ocurre. De hecho, al hacerlo refresco el recuerdo que tengo de los que han fallecido. Desde luego, no he oído que a ningún viejo se le haya olvidado nunca dónde guarda sus posesiones. Todos recuerdan cuanto les interesa: las citaciones que tienen en los juzgados, quién les debe dinero y a quién le deben.

¿Y qué me decís de los jurisconsultos, los pontífices, los augures y los filósofos de edad? ¿Recuerdan acaso pocas cosas? Los ancianos retienen sus facultades mentales siempre que no abandonen su estudio y su aplicación; y no solo los hombres célebres y los que ejercen cargos importantes, sino también los que llevan una vida privada y tranquila. Sófocles escribió tragedias hasta la más extrema ancianidad y, cuando se pensó que estaba descuidando el patrimonio familiar por devoción a sus ocupaciones literarias, lo llevaron a juicio sus hijos para que, igual que nosotros tenemos por costumbre incapacitar a los padres de familia que administran mal sus bienes, lo apartasen los jueces de la gestión de sus asuntos privados por invalidez intelectual. El anciano, se dice, les recitó la obra que acababa de escribir y aún estaba revisando, *Edipo en Colono*, y les preguntó si les parecían aquellos los versos de un viejo chocho. Tras oírlo, los jueces dictaron una sentencia absolutoria.

¿Acaso la vejez obligó a abandonar sus ocupaciones intelectuales a Homero, a Hesíodo, a Simónides, a Estesícoro, a Isócrates o a Gorgias —a los que he mencionado antes—, a luminarias de la filosofía como Pitágoras, Demócrito, Platón o Jenócrates, a otros posteriores como Zenón o Cleantes, o a Diógenes el estoico, a quien habéis tenido ocasión de ver en Roma? ¿No duró en todos ellos la práctica de sus ocupaciones intelectuales tanto como la vida?

Más allá de estos divinos quehaceres, también puedo hablar de romanos de campo criados en tierras sabinas, vecinos y amigos míos, que raras veces faltan cuando llega el momento de acometer labores agrícolas de relieve, ya sea sembrar, recolectar o almacenar los frutos. En el caso de estas, en realidad, no cabe admirarse demasiado, pues ninguno de ellos es tan mayor que piense que no va a vivir un año más; pero también se afanan en quehaceres de los que saben que no sacarán provecho alguno:

> Árboles planta y su fruto   lo recogerán sus nietos.

como asevera nuestro Cecilio Estacio en *Los sinefebos*. Y ningún hombre de campo, por mayor que sea, al que preguntéis para quién siembra dudará en responder: «Para los dioses inmortales, que han querido que yo reciba estos dones de mis mayores y que los transmita además a la posteridad».

VIII

Cecilio se expresó en mejores términos al referirse al anciano que pensaba en el provecho de una generación futura que cuando escribió:

> Si no trajeses, por Pólux, senectud a tu llegada
> otro mal, con este bastaría,
> dado que quien mucho vive mucho ve que no querría.

Y quizá otras muchas cosas que sí quiere ver, mientras que también el joven tropieza a menudo con cosas con las que no desearía topar. Con todo, aún hay otro fragmento de Cecilio más errado si cabe:

> Aun así, no hay nada peor, considero, en la vejez
> que sentirse, por la edad, un estorbo para otros.

¡Agradable compañía más que estorbo! Pues, igual que los sabios se deleitan de mayores viéndose frecuentados por jóvenes de buen carácter y la vejez se hace más leve para quienes disfrutan de la cercanía y la estimación de los jóvenes, estos sacan partido de los consejos de los ancianos, que los encaminan hacia la práctica de la virtud. Yo, desde luego, doy por sentado que no os resulto menos agradable que vosotros a mí.

En fin, ya veis que la vejez no es, ni por asomo, endeble ni incompetente, sino más bien afanosa y siempre dispuesta a hacer algo y a esforzarse, aunque, eso sí, dependiendo de cuál fuera la disposición de cada uno en los años precedentes.

¿Y qué decir, de hecho, de los que se afanan en aumentar sus conocimientos, como Solón, a quien vemos gloriarse en sus versos de envejecer añadiendo cada día algo nuevo a su bagaje? Es precisamente lo que he hecho yo, pues siendo ya mayor aprendí griego, labor que acometí casi con tanta avidez como quien desea aplacar una sed de varios días y gracias a la cual he adquirido la información que me estáis viendo usar en mis ejemplos. Y, al saber que Sócrates lo hizo con la lira, pues los antiguos gustaban de aprender a tocarla, me habría encantado imitarlo, aunque, al menos, me he afanado en mis estudios griegos.

IX

No siento yo ahora más deseos de tener el vigor de cuando joven —pues era ese el segundo de los males que se le atribuyen a la vejez— que los que sentía entonces de poseer la fuerza del toro o el elefante.

Lo justo es que uses la que tienes y que, hagas lo que hagas, sea en proporción a esta. ¿Habrá forma de hablar más despreciable que la de Milón de Crotona, quien, siendo ya viejo, vio a un grupo de atletas ejercitarse en la palestra y, contemplando los músculos de sus brazos, dicen que dijo con lágrimas en los ojos: «¡Ay, pero estos están ya muertos!»? Desde luego, no lo están tanto como tú mismo, mamarracho, que nunca debiste tu fama a tu propia persona, sino a tus pulmones y tus brazos. Nada por el estilo se le oyó jamás a Sexto Elio, ni, muchos años antes, a Tiberio Coruncanio, ni tampoco, desde luego, a Publio Craso, de quienes recibieron sus conciudadanos no pocos consejos en el ámbito de la jurisprudencia. Todos ellos dieron muestras de su pericia hasta el último resuello.

El orador sí pierde empuje, me temo, debido a la vejez, pues su ocupación no depende solo de su intelecto, sino también de su aliento y su fortaleza corporal. Con la edad, eso sí, la voz adquiere un no sé qué que le da sonoridad. Yo no la he perdido todavía, y ya veis los años que tengo. Pero también es cierto que conviene que un hombre mayor hable en un tono moderado y calmo, pues, de hecho, muchas veces es el lenguaje desapasionado y suave de un anciano elocuente lo que hace que le presten oídos. Y, en el caso de que no llegue a tanto, siempre le será posible, cuando menos, ofrecer consejo a Escipión y a Lelio. ¿Qué puede haber más agradable que una vejez rodeada del entusiasmo de la juventud? ¿O no pensamos reconocer siquiera a los viejos el nervio necesario para enseñar a los jóvenes, ayudar a dar forma a su carácter y prepararlos para el desempeño de cualquier cargo? ¿Qué puede haber más noble que este cometido? De mí puedo decirte, Escipión, que tanto Gneo y Publio Escipión como tus dos abuelos, Lucio Emilio y Publio Africano, me parecían afortunados por el séquito de nobles jóvenes que atraían, y, de hecho, no cabe considerar desgraciado a ningún maestro de las artes liberales, por más que hayan envejecido y las fuerzas los hayan abandonado.

Por lo demás, tal pérdida de vigor se debe con más frecuencia a los vicios de la juventud que a la propia vejez: si la primera es libidinosa y desmedida, dejará por toda herencia un cuerpo extenuado a la segunda. Ciro, por ejemplo, en el discurso que pronunció en su lecho de muerte, siendo ya muy anciano, y que nos refiere Jenofonte, negaba haber sentido nunca que su senectud fuese más frágil que sus años mozos. Y yo recuerdo haber visto de niño a Lucio Metelo, quien asumió el cargo de sumo pontífice cuando habían pasado cuatro años de su segundo consulado y aún habría de ejercer tal sacerdocio durante veintidós, y en las postrimerías de su existencia seguía siento tan robusto que no echaba de menos su juventud. De mí no hace falta que diga nada, aunque sea cosa habitual en los viejos y, de hecho, se nos tolere por deferencia a nuestra edad.

X

¿No os habéis dado cuenta de que, en la obra de Homero, Néstor no se cansa de pregonar sus propias virtudes? Había visto crecer a tres generaciones y no tenía miedo, por tanto, de que lo considerasen insolente ni gárrulo en exceso si decía la verdad sobre sí mismo. «De su boca —nos dice Homero— fluían palabras más dulces que la miel». Para lograr tal suavidad no necesitaba ninguna fortaleza física. Y, sin embargo, Agamenón, al frente de la hueste griega, no expresa en ningún momento el deseo de contar con diez hombres como Áyax, sino con diez Néstores, convencido de que, en tal caso, Troya caería en poco tiempo.

Pero vuelvo a mí mismo. Ya he cumplido ochenta y cuatro, y, aunque no puedo alardear como Ciro, también me es dado decir que, si bien no poseo ya la fuerza física de cuando serví de soldado en la segunda guerra púnica y, más tarde, de cuestor, o siendo procónsul en Hispania o cuando, cuatro años después, luché en calidad de tribuno militar en las Termópilas a las órdenes del entonces cónsul Manio Acilio Glabrión, tampoco me ha extenuado del todo la vejez ni me ha afligido, y ni el senado, ni la tribuna del foro, ni los amigos, ni mis clientes ni mis huéspedes tienen motivos para echar en falta mi vigor, porque nunca he estado de acuerdo con el proverbio, tan antiguo como encomiado, que apremia a quien quiera vivir sano a hacerse viejo temprano. Me parece preferible tener una vejez corta que vivirla antes de haber llegado a ella. Todavía no ha venido nadie a verme y he aducido estar ocupado.

Por supuesto que tengo menos fuerza que cualquiera de vosotros, pero tampoco tenéis vosotros la fuerza del centurión Tito Poncio y no valéis menos por eso. Que cada uno emplee su fuerza con moderación, sin querer ir más allá de lo que le es posible, y no se verá preso del deseo de tener más de la que tiene. Se dice que Milón recorrió el estadio de Olimpia llevando un buey sobre los hombros. ¿Qué preferirías tener: su fuerza o la inteligencia de Pitágoras? En resumidas cuentas, haz buen uso de esta ventaja mientras la tengas y no la llores cuando la pierdas; a no ser que deban los jóvenes llorar la infancia y, poco después, llorar también la juventud. La vida sigue su curso inalterable y la naturaleza nos lleva por una senda determinada en la que a cada una de las etapas de nuestra existencia se le ha designado lo que le es oportuno, de modo que la fragilidad de los críos, la intrepidez de los jóvenes, la seriedad de la mediana edad y la madurez de la senectud poseen un elemento natural que debe ser cosechado a su debido tiempo.

Supongo, Escipión, que habrás oído cuáles son las costumbres de Masinisa, el mismo que se alojó en casa de tu abuelo y tiene ya noventa años. Sabrás que se niega a montar a caballo cuando emprende a pie una marcha, y a apearse en ningún momento cuando la hace a caballo; que no hay aguacero ni frío que lo lleve a cubrirse la cabeza, y que su complexión es tan robusta y nervuda que no le es pesado asumir los deberes y cometidos propios de su condición de rey. Es posible, por tanto, preservar en la vejez parte del antiguo vigor mediante el ejercicio y la moderación.

XI

Pero, aun suponiendo que los ancianos carezcan de fuerza, lo cierto es que tampoco se espera que la tengan. Las leyes y las costumbres nos eximen de todo cometido para el que sea imprescindible contar con ella. Tanto es así que no se nos obliga a hacer no ya lo que no podemos, sino tampoco lo que nos es posible. Dirán que muchos ancianos son tan enclenques que les resulta imposible desempeñar cometido alguno de cuantos les exigen su posición o la vida misma. Este mal, sin embargo, no es propio de la vejez, sino, en general, de la enfermedad. Mira, si no, cuán exánime estaba el hijo de Publio Africano, el mismo que te adoptó. No es que tuviera mala salud: es que no tenía salud alguna. De no ser por eso, se habría convertido en una segunda luminaria de esta ciudad, ya que a la superioridad intelectual de su padre se sumaba en él una mayor cultura. ¿De qué cabe admirarse si hay viejos enfermizos, cuando ni siquiera los jóvenes pueden escapar a esta suerte?

Escuchad, Lelio y Escipión: es necesario mantenerse firmes ante la vejez, compensar sus males con una vida diligente, combatirla como se combate la enfermedad, cuidar la salud, ejercitarse con moderación y beber y comer solo lo necesario para reponer fuerzas, sin llegar nunca a abrumarlas. Por supuesto, hay que satisfacer no solo las necesidades del cuerpo, sino además, y en mucho mayor medida, las de la mente y el espíritu, porque también estos dos se extinguirán en la vejez si no los alimentamos, como sucede con la luz de una lámpara si no la rellenamos de aceite. De hecho, mientras que el cuerpo se fatiga con el exceso de ejercicio, las almas se elevan cuando las hacemos trabajar. Aquellos a quien llama Cecilio «viejos mentecatos de comedia» son los crédulos, los desmemoriados, los licenciosos, defectos todos no atribuibles a la senectud, sino a una senectud remolona, sin espíritu y aletargada. Igual que la arrogancia y el deseo desenfrenado son más propios de los jóvenes que de los viejos, y, con todo, no de todos ellos, sino solo de aquellos que no saben conducirse, la demencia senil que solemos llamar chochez es característica no de todos los viejos, sino solo de los frívolos.

Apio tenía a su cargo a cuatro hijos robustos, a cinco hijas, una casa enorme y un número ingente de clientes siendo ciego y anciano. De hecho, mantenía la mente firme como cuerda de arco en lugar de sucumbir con flaqueza a la vejez. No solo conservaba la autoridad, sino también el gobierno de los suyos: los siervos lo temían, los hijos lo respetaban y todos le tenían aprecio. En su casa reinaban la tradición y la disciplina. La vejez es digna de honra cuando sabe defenderse, cuando mantiene los derechos que le son propios, cuando no se deja subyugar, cuando conserva la potestad sobre los suyos hasta el último momento. Igual que me parece bien que un joven albergue alguna de las cualidades de la senectud, no veo reprensible que un viejo posea rasgos propios de la mocedad. Quien tal cosa persigue será siempre joven de corazón por anciano que sea físicamente.

Tengo entre manos el séptimo volumen de mi obra *Orígenes*; estoy recopilando todos los documentos de la antigüedad y en este mismo momento me encuentro revisando los discursos de todas las causas ilustres que he defendido. En él abordo el derecho de los augures, el de los pontífices y el derecho civil; me estoy sirviendo también de los escritos griegos, y, a la manera de los pitagóricos, con el propósito de ejercitar mi memoria, cada noche trato de recordar cuanto he dicho, he oído y he hecho durante el día. Así es como se adiestra mi intelecto; esta es la palestra en que entreno mi mente y donde, sudando y esforzándome, no echo tanto de menos mi vigor físico. Aconsejo a mis amigos y frecuento el Senado, donde, por propia iniciativa, planteo ideas que he meditado con detenimiento y que defiendo con la fuerza del raciocinio y no con la del cuerpo. Y, si no estuviera en condiciones de hacer nada de esto, el lecho me ofrecería consuelo al permitirme meditar sobre todas las cosas que ya no podría ejecutar. Con todo, la vida que he llevado me lo hace posible. Pues quien vive siempre entre estos estudios y estas ocupaciones no nota cuando, solapada, se le acerca la vejez. Así, poco a poco y sin que él se dé cuenta, entra en la senectud su vida, que, por tanto, en lugar de interrumpirse de golpe, se extingue después de mucho tiempo.

XII

Abordemos ahora la tercera tacha que se le achaca a la vejez: que se ve privada de los placeres sensuales.

¡Soberbio favor el que nos hace la edad si de verdad nos despoja del peor de los males de la mocedad! Escuchad, nobilísimos jóvenes, el discurso que pronunció hace ya mucho ese hombre preclaro, ilustre entre los ilustres, que fue Arquitas de Tarento y que me fue transmitido siendo yo joven en su ciudad, cuando servía a las órdenes de Quinto Máximo. Él decía que no han recibido los hombres de parte de la naturaleza una plaga más ponzoñosa que los placeres de la carne, por cuyo goce se dejan arrastrar ciega e irrefrenablemente las pasiones. Por ellos se traiciona a la patria, por ellos se subvierte el Estado, por ellos se entablan acuerdos secretos con el enemigo. No hay designio criminal, no hay acto execrable a los que no empuje la búsqueda anhelante del placer. Y, desde luego, ni las violaciones, ni los adulterios ni demás atrocidades de esta índole beben de otra cosa que de las tentaciones del placer. Es más: si de los dones que ha recibido el hombre, bien de la naturaleza, bien de algún dios, no hay ninguno más excelso que el intelecto, este favor, este obsequio divino, no tiene peor enemigo que el deseo carnal. Pues allí donde gobierna la libido no hay lugar para la templanza, ni puede, de hecho, hallar alojamiento la virtud en el reino del placer.

A fin de que pudiera entenderse mejor esta idea, Arquitas invitaba a imaginar a un hombre incitado por el mayor placer carnal concebible. Entendía que nadie podía abrigar la menor duda de que, mientras estuviera gozando de tal modo, le sería imposible emprender actividad intelectual alguna, ni nada que exigiera raciocinio o reflexión. De lo cual se deduce que no hay nada tan detestable ni nocivo como el placer, que, en caso de prolongarse en el tiempo e intensificarse, es capaz de extinguir toda luz del alma. Esto fue lo que decía Nearco (mi huésped tarentino, quien se había mantenido siempre fiel a su amistad con el pueblo romano) haber oído de sus mayores que dijo Arquitas departiendo con Gayo Poncio el de Samnio, padre del hombre que venció a los cónsules Espurio Postumio y Tito Veturio en la batalla de las Horcas Caudinas. Parece ser que en la conversación estuvo presente Platón el ateniense, quien, por lo que he averiguado, vino a Tarento durante el consulado de Lucio Camilo y Apio Claudio.

¿Por qué os cuento esto? Para que entendáis que, si no pudiésemos rechazar el placer a fuerza de raciocinio y sabiduría, deberíamos estar muy agradecidos a la vejez por privarnos del deseo de lo que no nos conviene. Pues el placer nubla el juicio, es enemigo de la razón, venda los ojos —por así decirlo— al intelecto y no guarda relación alguna con la virtud.

No fue para mí agradable expulsar del Senado a Lucio Flaminino, quien hacía siete años que había ejercido el consulado y era hermano de un hombre tan animoso como Tito Flaminino, por considerar, pese a todo, que su depravación merecía semejante mancha. De hecho, durante un banquete que celebró en Galia siendo cónsul, lo persuadió una prostituta para que decapitara con un hacha a uno de los que se hallaban presos, condenados a muerte.

Su hermano Tito era censor, cargo en el que lo sucedí yo, y por eso se había librado entonces; pero ni Flaco ni yo podíamos aprobar, en modo alguno, lascivia tan funesta y depravada, que suponía no ya una infamia en el ámbito privado, sino también la deshonra del imperio.

XIII

Muchas veces oí decir a mis mayores —que, a su vez, decían haberlo oído cuando niños de otros ancianos— que Gayo Fabricio se maravillaba, siendo embajador ante el rey Pirro, de lo que le contaba Cineas el tesalio sobre uno de Atenas que se tenía por sabio y aseveraba que todo cuanto hacemos debe tender al placer. Al oírlo de aquel, Manio Curio y Tiberio Coruncanio gustaban de expresar su deseo de que los samnitas y el mismísimo Pirro abrazaran tal doctrina por considerar que sería mucho más fácil vencerlos si se daban al gozo. Curio había sido íntimo de Publio Decio, quien, en su cuarto consulado, cinco años antes de que aquel ocupara el cargo, había dado la vida por la salvación del Estado. Lo conocían Fabricio y también Coruncanio, quienes, tanto por propia experiencia como por el acto heroico de este Decio del que os hablo, se habían convencido plenamente de la existencia de algo hermoso y por demás noble en la naturaleza, que debe buscarse por el valor que contiene en sí mismo y que persiguen los mejores desdeñando y obviando todo placer.

¿Y a cuento de qué me detengo tanto en los placeres carnales? Porque el hecho de no sentir añoranza alguna por ellos convierte a la vejez en merecedora no de reproches, sino de sonoros elogios. Nada quiere saber de banquetes suntuosos, de mesas rebosantes ni de libaciones ininterrumpidas, y nada sabe, por ello, de ebriedad, indigestión o insomnio. Pero, si hay que hacer alguna concesión al placer, pues no es fácil resistirse fácilmente a su atractivo —no en vano lo definió divinamente Platón como «carnada del mal», porque salta a la vista que los hombres se dejan capturar por él como peces—, diremos que, aun cuando la vejez haga caso omiso de las grandes comilonas, puede disfrutar de algún que otro ágape moderado. De niño, vi muchas veces a Gayo Duelio, hijo de Marco y primer romano que venció a los cartagineses en combate naval, volver a casa de una cena siendo anciano. En tales casos, gustaba de ir acompañado de sirvientes con antorchas de cera y de un flautista, cosa inusitada en un ciudadano particular que, sin embargo, podía permitirse él por la gloria de que estaba investido.

Pero ¿por qué hablar de otros? Voy a centrarme otra vez en mí mismo. Ante todo, siempre he formado parte de alguna fraternidad —de hecho, siendo yo cuestor se fundaron varias de ellas y se adoptaron ritos ideos en honor a la diosa madre Cibeles— y de joven celebraba en compañía de mis cofrades banquetes que —aunque moderados, eso sí— no estaban exentos del ardor de la edad, que los años serenan con su avance. Y, desde luego, no medía yo tanto el deleite de aquellos festines por el placer físico que me producían como por el que me brindaban la compañía y la conversación de mis amigos. Hicieron bien nuestros mayores llamando *convivium* al hecho de reclinarse a la mesa con amigos, pues supone hacer vida en comunión o convivir; mejor, desde luego, que los griegos, que lo designan con dos palabras que significan algo así como «combeber» o «concomer», de modo que parece que están exaltando más lo que menos valor tiene de estas ocasiones.

XIV

A mí, desde luego, hasta los banquetes prolongados, esos que roban horas a la jornada laboral y tienen fama de propiciar el libertinaje, me gustan por el simple placer de la conversación. En ellos, además, no solo me junto con gente de mi edad, de la que van quedando pocos, sino también con vosotros y con otros de la vuestra, y le estoy profundamente agradecido a la vejez, que ha hecho que se acrecienten mis ganas de conversar a la vez que me quita las de beber y comer. Pues, ya que hay quien gusta de estas cosas —que no parezca que he declarado la guerra a todos los placeres, cuando quizá, tomados en su justa medida, se hallan en consonancia con la naturaleza—, debo decir que no tengo noticia de que ni siquiera a estos placeres sea insensible la edad provecta. De hecho, me complacen la costumbre que instituyeron nuestros antepasados de elegir a un comensal para que presida la mesa y la conversación que, una vez servido el vino en las copas, tiene comienzo en dicho puesto de honor, y también las copas mismas, tan pequeñas como las que describe Jenofonte en su *Banquete* y de las que fluye el vino como caen las gotas, fáciles de refrescar en verano y de templar en invierno al sol o a la lumbre. Hasta entre gentes sencillas como los sabinos frecuento esta costumbre. De hecho, lleno a diario mi mesa de vecinos en ágapes que alargamos conversando de todo un poco hasta tan entrada la noche como nos es posible.

Podrá decirse, con todo, que en los viejos no es tan marcado el cosquilleo (llamémoslo así) del placer. Cierto, pero tampoco lo echan de menos, y, por supuesto, a nadie le resulta molesto perder lo que no echa de menos. Bien lo dijo Sófocles, al responder a quien le preguntó, siendo él ya anciano, si todavía gozaba de los placeres de Venus: «¡No lo quieran los dioses! He huido de ellos como de un amo zafio y violento». A quienes desean con avidez cosas así resulta quizá odioso y molesto verse privados de ellas, mientras que a quien está saciado y satisfecho le es más agradable carecer de ellas que poseerlas. Aunque, por supuesto, no puede sentir carencia quien no echa de menos. Por consiguiente, tengo claro que es más agradable no añorar.

De cualquier modo, si estando en la flor de la vida se disfruta con mayor fruición de estos placeres, hay que tener en cuenta, en primer lugar, que lo que produce deleite son, como he dicho, cosas de un orden inferior y, a continuación, que, aunque estas no abundan en la vejez, tampoco están del todo ausentes. Igual que quien se sienta en la primera grada del teatro disfruta más de la actuación del célebre Turpión Ambivio, pero quien lo ve desde la última también tiene ocasión de deleitarse, la juventud, que ve los placeres de más cerca, quizá obtiene de ellos un mayor gozo que los ancianos, a quienes, sin embargo, les basta con contemplarlos de lejos para quedar satisfechos.

Pero ¡cuán valioso es que el alma, una vez licenciada de las campañas impuestas por la libido, la ambición, las rivalidades y las aversiones, por las pasiones todas, vuelva a encontrarse a sí misma y, como suele decirse, viva en paz consigo! En realidad, si la engordamos, por así decirlo, con algo de estudio y de instrucción, no hay nada más agradable que una vejez ociosa. He visto muchas veces a

Gayo Galo, amigo de tu padre, Escipión, centrado en la tarea de medir casi palmo a palmo el firmamento y la Tierra. ¡Cuántas veces no lo habrá sorprendido la luz del día sumido en el trazado de una carta astronómica que había emprendido por la noche o se le habrá hecho de noche concentrado en una que había comenzado por la mañana! ¡Cómo disfrutaba prediciéndonos con muchísima antelación los eclipses de sol y de luna! ¿Y qué decir de ocupaciones intelectuales más livianas, pero aun así exigentes? ¡Cómo gozó Nevio componiendo su *Guerra púnica* o Plauto con *El gruñón* o *El impostor*! Yo llegué a conocer, siendo él ya anciano, a Livio Andrónico, quien había acabado una obra dramática seis años antes de que yo naciera, durante el consulado de Tuditano y Centón, y aún vivía en mi juventud.

¿Y qué diré del empeño con el que estudió Publio Licinio Craso el derecho pontificio y civil o del celo de Publio Escipión, pontífice desde hace pocos días? A todos los que he mencionado he visto entregarse con ardor a estas ocupaciones siendo ya mayores. Y a Marco Cetego, a quien llamó muy acertadamente Ennio «quintaesencia de la persuasión», ¡con cuánto ahínco lo vi ejercitarse en la oratoria siendo ya anciano! ¿Qué placeres que quepa comparar con estos pueden brindar banquetes, juegos ni prostitutas? Eso por lo que respecta a actividades propias del saber, que entre gentes sabias e instruidas mejoran con la edad. Como dicen los versos de Solón a los que ya me he referido y que lo honran, siendo viejo aprendía cada día un poco más. Desde luego, no puede haber mayores placeres que los del intelecto.

XV

Paso ahora a hablar de los gozos de las gentes del campo, gozos que a mí me deleitan de un modo increíble, que no se ven impedidos por la vejez y que, en mi opinión, se encuentran muy en consonancia con la vida del sabio. Ajustan bien sus cuentas con la tierra, siempre dispuesta a cumplir con sus pagos y a devolver con un interés a veces modesto, aunque por lo común muy generoso, lo que recibe en préstamo. Aun así, lo que a mí me produce placer no es solo su fruto, sino el propio vigor y la naturaleza de la tierra. Porque, cuando acoge en su seno escarificado y esponjado la semilla de trigo que esparce el agricultor, la mantiene oculta u *occaecata* en un primer momento —motivo por el cual llamamos *occatio* al roturado— y, a continuación, templándola con el calor de su abrazo, hace que se expanda para sacar de ella una brizna verde que, sosteniéndose sobre su fibrosa raíz, va creciendo poco a poco, se yergue sobre su tallo nudoso y, alcanzada, digámoslo así, la edad adulta, produce una serie de vainas de las que surge un fruto formado como un espiga en filas ordenadas y protegidas del picoteo de los pajarillos por una empalizada de aristas.

¿Y qué puedo deciros de la siembra, el trasplante y el cultivo de la vid? Es un deleite del que no me canso, así que podéis imaginar la serenidad y la alegría que me proporciona la vejez. Por no hablar de la fuerza vital de todo cuanto nace de la tierra, que hace que engendre troncos y ramas colosales a partir de la semilla de un higo, la pepita de una uva o la simiente no menos diminuta de otros frutos. ¿O es que hay alguien que pueda asistir sin admiración a la propagación por estacas, sarmientos, acodos o estolones? La vid, planta colgante que cae por naturaleza al suelo si no se arrodriga, se yergue aferrándose con sus zarcillos, como si fueran manos, a cuanto encuentra y va creciendo por caminos tortuosos y erráticos que el viticultor tiene que ir podando con su herramienta para que sus sarmientos no se asilvestren ni se extiendan en todas direcciones. Y así, a comienzos de la primavera, en cada una de las articulaciones de las ramas que han quedado despunta un brote, una verdadera gema que llamamos *yema* y en el que se adivina incipiente el racimo, el cual, creciendo por la humedad del suelo y el calor del sol, resulta en un primer momento agrio en exceso al gusto, pero se vuelve dulce a medida que madura y se viste de pámpanos para conservar una temperatura razonable y defenderse de los rigores excesivos de los rayos de aquel. ¿Qué puede haber más gozoso y de aspecto más lozano que este fruto?

De hecho, no es solo la utilidad de la vid, como ya he dicho, sino su cultivo y su misma naturaleza lo que tanto me complace: las hileras de tutores, las cañas con las que se unen por su parte superior, la sujeción de la vid a los rodrigones para guiar las ramas, la poda, que, repito, amputa unos sarmientos para dejar crecer otros...

¿Para qué hablar de los riegos, las cavas y las binas que se efectúan a fin de hacer mucho más fecunda la tierra? ¿Qué diré de las ventajas del abonado con estiércol que no haya dicho ya en el libro que escribí sobre el cultivo de los campos? Se trata de algo de lo que el erudito Hesíodo no dice una palabra pese a haber abordado el mismo tema. Pero Homero, quien, según entiendo, vivió muchos siglos antes, presenta a Laertes trabajando la tierra y también estercolándola al objeto de aliviar la pena que le produce la ausencia de su hijo. Y los trigales, los prados, las viñas y las arboledas no son lo único que ofrece regocijo al agricultor: también el huerto y el vergel, el pasto del ganado, sus colmenas y toda clase de flores. Y no solo plantar, sino también hacer injertos, práctica a la que no supera en ingenio ninguna de cuantas tiene la agricultura.

XVI

Podría enumerar los incontables deleites que proporciona el mundo rural, pero soy consciente de que ya me he extendido demasiado. Eso sí, me tendréis que perdonar, porque me he dejado llevar por mi pasión por el campo y, además, la vejez es locuaz por naturaleza —que no parezca que quiero preservarla de cuantos defectos se le achacan—. Esta es la vida a la que dedicó Manio Curio sus últimos días después de haber derrotado a los samnitas, a los sabinos y a Pirro. Cuando contemplo su villa, ya que no está lejos de la mía, no puedo dejar de admirar la frugalidad de aquel hombre ni la estricta moral de su época. Estaba sentado a la lumbre cuando los samnitas le llevaron una cantidad ingente de oro y él los rechazó diciendo que, en su opinión, lo admirable no era poseer el oro, sino gobernar a quienes lo tenían. Con un espíritu tan noble, ¿cómo no iba a disfrutar de una senectud feliz?

Pero retomo el tema de los agricultores, que no quiero irme demasiado por las ramas. Antiguamente, el campo era hogar de senadores, es decir, de ancianos o *senes*, si es cierto que a Lucio Quincio Cincinato lo encontraron arando cuando fueron a anunciarle que lo habían elegido dictador. Dicho sea de paso, estando él en el cargo mandó a Gayo Servilio Ahala, mariscal de la caballería, a matar a Espurio Melio cuando este intrigó para restablecer la monarquía. En el campo vivían Curio y otros ancianos cuando los convocaban al Senado; por eso los mensajeros que los avisaban recibían el nombre de *viatores* o «viajeros». ¿Acaso fue miserable la vejez de aquellos hombres, que se deleitaban en el cultivo de la tierra? Yo, al menos, me inclino a pensar que no puede haber una más feliz, y no solo por la ocupación en sí, pues las labores agrícolas resultan saludables para todo el género humano, sino, como he dicho, por el deleite que procura y la gran abundancia de cuanto conviene al sustento de los hombres y también al culto de los dioses; cosa que, ya que hay quien alberga estos deseos, nos permite reconciliarnos con el placer físico. Pues un propietario bueno y diligente tiene siempre bien provistos la bodega, el almacén de aceite y la despensa, y toda su villa es fértil y abunda en cerdos, cabritos, corderos y gallinas, leche, queso y miel. Por no hablar del huerto, al que llaman los agricultores su «segunda alacena», o la caza de aves y otros animales, que proporciona un placer añadido a todo esto en los momentos de ocio.

¿Qué sentido tiene extenderse hablando del verdor de los prados, las hileras de árboles y la belleza de las viñas y los olivares? Seré conciso. Nada puede aportar más abundancia de bienes útiles ni ser más agradable a la contemplación que un campo bien cultivado, y la vejez, lejos de impedirlo, nos invita y nos seduce a disfrutar de ello. De hecho, ¿qué mejor lugar para que quien ha alcanzado esta edad pueda calentarse agradablemente al sol o a la lumbre o, por el contrario, refrescarse de un modo más sano a la sombra o con sus aguas? Que otros disfruten de sus armas, sus caballos, sus lanzas, sus clavas y sus pelotas, sus cacerías y sus carreras, y que nos dejen a los viejos, de entre todos los juegos, las tabas y los dados, o que nos los quiten si quieren, que también sin ellos puede ser feliz la senectud.

XVII

Los libros de Jenofonte son de gran utilidad en muchos aspectos y os pido que sigáis leyéndolos con la misma atención que les ponéis. ¡Con qué elocuencia alaba la agricultura en su *Económico*, en el que aborda la administración del patrimonio familiar! Para que veáis que nada le parecía tan digno de un soberano como el esmero a la hora de cultivar los campos, os referiré la historia que cuenta en este libro Sócrates conversando con Critóbulo.

Ciro el Joven, rey de los persas que descollaba por su ingenio y por la gloria de su señorío, recibió en Sardes la visita de Lisandro, general espartano de excelsa virtud, y las ofrendas que llevaba este de parte de sus aliados. Entre otras atenciones, el anfitrión le mostró un recinto arbolado plantado con gran primor. Tras admirar la notable altura de los árboles y el esmero con el que estaban dispuestos al tresbolillo, la pulcritud de aquel suelo bien cultivado y lo delicado del aroma que emanaba de las flores, aseguró haber quedado deslumbrado no solo por la meticulosidad, sino también por la pericia de quien fuera que hubiese planeado y trazado todo aquello.

—He sido yo —respondió Ciro— quien lo ha dispuesto todo.

Mías son las hileras, mío el diseño y mía la mano que plantó muchos de estos árboles.

Entonces, Lisandro, contemplando sus regios ropajes purpúreos, su porte distinguido y su atuendo persa adornado con gran abundancia de oro y piedras preciosas, respondió:

—Con razón, Ciro, tienes fama de hombre feliz, porque nada tiene que envidiar tu virtud a tu fortuna.

Esta suerte es, precisamente, la que nos ha tocado disfrutar a los viejos, a quienes la edad no impide que nos ocupemos de otras actividades y menos aún de la agricultura hasta el fin mismo de nuestros días. Sabemos que Marco Valerio Corvino siguió cultivando el campo hasta cumplir los cien, una vez pasado el período más activo de su vida, y eso que entre su primer consulado y el sexto transcurrieron cuarenta y seis años. De modo que el período que establecieron nuestros mayores como principio de la vejez fue el espacio de tiempo que duró su carrera política. Y sus últimos años fueron para él más felices que los intermedios, pues tenía más autoridad y menos trabajo.

En efecto, el culmen de la vejez no es otro que la autoridad. ¡De cuánta gozó Lucio Cecilio Metelo! ¡Y Aulo Atilio Calatino! Ya lo dice su epitafio:

> Todos concuerdan en que este varón
> fue el más excelso de su patria.

Ya conocéis la inscripción entera, pues puede verse en su sepulcro. Podemos decir con justicia que era un hombre de peso, por cuanto el pueblo lo alababa de forma unánime. ¡Y qué eminencia hemos conocido no hace mucho en la persona del sumo pontífice Publio Craso, así como en la de Marco Lépido, sucesor suyo en tal cargo sacerdotal! ¿Y qué puedo decir de Paulo, de Africano o, insisto, de Máximo? Su autoridad no residía sin más en su discurso, pues les bastaba un gesto para manifestarla. Tanto imperio tiene la vejez, y sobre todo la de quien ha ocupado un cargo público, que vale más que todos los placeres de la juventud.

XVIII

Pero no perdáis de vista que la vejez que estoy alabando en toda esta exposición es la que se ha cimentado bien desde la juventud. De lo cual se sigue, como dije una vez con el asentimiento de cuantos me escucharon, que no hay senectud más mísera que la que tiene que defenderse con palabras. Ni las canas ni las arrugas pueden procurarnos prestigio como por arte de magia, sino que es cuando hemos llevado una existencia llena de actos honrosos cuando se nos permite cosechar influencia como fruto último. Son cosas que parecen banales y de poco peso, pero resultan venerables en sí mismas. Recibir la visita matinal de costumbre, que lo busquen a uno, que le cedan el paso y se levanten en su presencia, que lo escolten de la casa al foro y del foro a la casa, y que le pidan consejo en asuntos de importancia, prácticas todas que se observan de manera escrupulosa entre nosotros, así como en las naciones extranjeras en la medida en que posean cierto grado de civilización. De Lisandro, el lacedemonio que he mencionado hace un momento, se dice que gustaba de afirmar que Esparta era la casa más digna que podían encontrar los ancianos, que en ningún otro sitio se trataba con más deferencia ni se honraba en mayor grado la vejez. De hecho, cuentan que, durante unas fiestas de Atenas, llegó al teatro un hombre muy entrado en años que, no encontrando a nadie que le cediera el asiento entre la gran muchedumbre de sus conciudadanos que allí había acudido, accedió al lugar reservado a los espartanos por su condición de embajadores, y se dice que todos ellos se pusieron en pie para invitarlo a sentarse. Todo el público prorrumpió en largos aplausos que hicieron que uno de los presentes comentara que los atenienses sabían bien lo que cumplía hacer, pero no se habían molestado en hacerlo.

En el colegio de augures tenemos muchas tradiciones insignes, pero una de ellas viene especialmente a cuento: aquella por la que el de más edad tiene prioridad en el debate, y, de hecho, los más ancianos gozan de preferencia no solo ante quienes poseen un cargo más elevado, sino también ante quienes ocupan alguna de las magistraturas superiores del Estado. ¿Qué placeres corporales pueden, pues, competir con los privilegios que otorga la autoridad? Yo comparo a quienes han hecho un uso noble de tal distinción con actores que han sabido interpretar bien su papel hasta el fin en la comedia de la vida, a diferencia de los artistas inexpertos que se desmoronan al llegar al último acto.

Pero, dirán, los viejos son caprichosos, inquietos, irascibles y difíciles, y, si preguntamos, también avaros. Estos, no obstante, son defectos del carácter y no de la edad. Aun así, la condición veleidosa y el resto de los desperfectos que he enumerado tienen cierta excusa —no del todo cabal, cierto es, pero sí disculpable en apariencia—, pues los de tal edad creen provocar indiferencia, desdén y burla. Además, a un cuerpo frágil el menor agravio le resulta doloroso. Con todo, las buenas costumbres y una buena educación ayudan a aliviar estas faltas, cosa que puede observarse en la vida cotidiana como se contempla en el escenario con los hermanos del *Adelfos* de Terencio. ¡Cuánta insensibilidad en uno y qué carácter afable el del otro! Así son las cosas: como ocurre con el vino, no todo carácter se agria con los años. Yo apruebo cierta severidad en la vejez, pero, como todo, siempre en su justa medida. La acritud, en cambio, no la consiento, y, en cuanto a la avaricia, no entiendo de qué puede servir a un anciano. ¿Puede haber algo más absurdo que querer aumentar las provisiones para el viaje cuando este está llegando a su fin?

XIX

Queda aún el cuarto motivo, el que más parece inquietar y angustiar a los de mi edad: la inminencia de la muerte, pues esta última, claro está, no puede encontrarse muy lejos cuando se ha llegado a la vejez.

¡Qué desdichado, desde luego, el anciano que, tras una vida tan prolongada, no se haya dado cuenta de que la muerte hay que mirarla con indiferencia! Si apaga por completo el espíritu de uno, ¿para qué hacerle caso?, y, si lo lleva a un lugar en el que vivir para siempre, ¿no resulta hasta deseable? No hay una tercera opción.

¿Por qué tenerle miedo, pues, si después de morir estoy destinado bien a no ser desdichado, bien a ser feliz? Y, de cualquier modo, ¿hay alguien tan estúpido, por corta que sea su edad, que pueda asegurar con total certeza que seguirá con vida cuando llegue la noche? De hecho, los jóvenes tienen muchas más ocasiones de morir que los de mi edad: contraen enfermedades con más facilidad, las padecen más gravemente y se ven sometidos a curas más estrictas. Tanto es así que no son muchos los que llegan a la vejez; de lo contrario, el hombre viviría mejor y con más prudencia. Porque la razón y el buen juicio son cosa de ancianos y, de no ser por ellos, ni siquiera existirían los Estados.

Pero vuelvo al asunto de la muerte como cosa inminente. ¿Qué sentido tiene atribuir semejante falta a la vejez cuando, como veis, la comparte con la juventud? Los dos, Escipión, tenemos experiencia de que la muerte visita por igual a esta última: yo, en el caso del más sublime de mis hijos, y tú, en el de dos hermanos destinados a ocupar los cargos más honorables. Podrás decir, pese a todo, que el joven puede abrigar la esperanza de vivir muchos años más, cosa a la que no puede aspirar el anciano. Poco sabia me parece semejante confianza. ¿O hay algo más estúpido que tomar por certidumbre una cosa tan incierta, lo falso por verdadero? Pero al viejo, sostendrán algunos, ni siquiera le queda nada que esperar. Y, sin embargo, la posición en que se encuentra es mucho mejor, porque lo que el joven ansía obtener él ya lo ha conseguido: aquel quiere vivir mucho y este ya ha tenido una vida larga.

Aun así, ¡oh, dioses clementes!, ¿qué hay en la naturaleza humana que podamos considerar prolongado en el tiempo? Pensemos en una vida larga de verdad. Vamos a suponer que podemos esperar alcanzar la edad del rey de los tartesios, un tal Argantonio, que, según está escrito, reinó ochenta años en Gades y vivió hasta cumplir los ciento veinte. Pues tampoco en su caso, pienso yo, podemos tener por verdaderamente largo algo que, de todos modos, tiene un fin. Cuando llega este, todo lo que ha sido se desvanece; lo único que queda es lo que hayas conseguido a fuerza de virtud e integridad. Se van las horas y, con ellas, los días, los meses y los años; el pasado nunca vuelve y no podemos conocer lo que vendrá. Cada uno debe contentarse con el tiempo de vida que le ha sido dado.

Ni el actor tiene que aparecer en toda la obra para gustar, pues basta con que reciba la aprobación del público en los actos en los que ha intervenido, ni necesita el sabio permanecer en escena hasta el final de la representación: por breve que sea una vida, siempre dará para llevar una existencia placentera y honrada. Si se prolonga, no tiene sentido que nos lamentemos más que los agricultores cuando pasa la indulgencia del clima primaveral y llegan el invierno y el otoño; ya que la primavera, como la juventud, es un anticipo de los frutos que están por venir, en tanto que las demás estaciones son idóneas para segar y recolectar cuanto ella ha engendrado.

Uno de los frutos de la senectud es, como he dicho muchas veces, el recuerdo y el acopio de los bienes logrados con anterioridad. Todo aquello que ocurre en consonancia con la naturaleza debe tenerse por un bien, ¿y qué puede ser más acorde con la naturaleza que morir de viejo? Los jóvenes también fallecen, sí; pero, siempre que ocurre esto, la naturaleza se revuelve y muestra su oposición. Por eso su muerte me hace pensar en una llama que ve sofocada su energía por un abundante chorro de agua, en tanto que la de un anciano es más semejante al momento en que se extingue por sí misma una lumbre, sin que medie violencia alguna y una vez consumido cuanto la hacía arder. Igual que ocurre con las manzanas verdes, que hay que cogerlas tirando con fuerza, mientras que, si están maduras y en sazón, caen por sí solas, la vida de un joven se arrebata con agresividad, mientras que la del viejo se apaga por madurez. A mí, de hecho, me resulta tan agradable esta idea que, cuanto más me acerco al momento de mi muerte, más tengo la impresión de estar a punto de avistar tierra y arribar a puerto después de un largo trayecto.

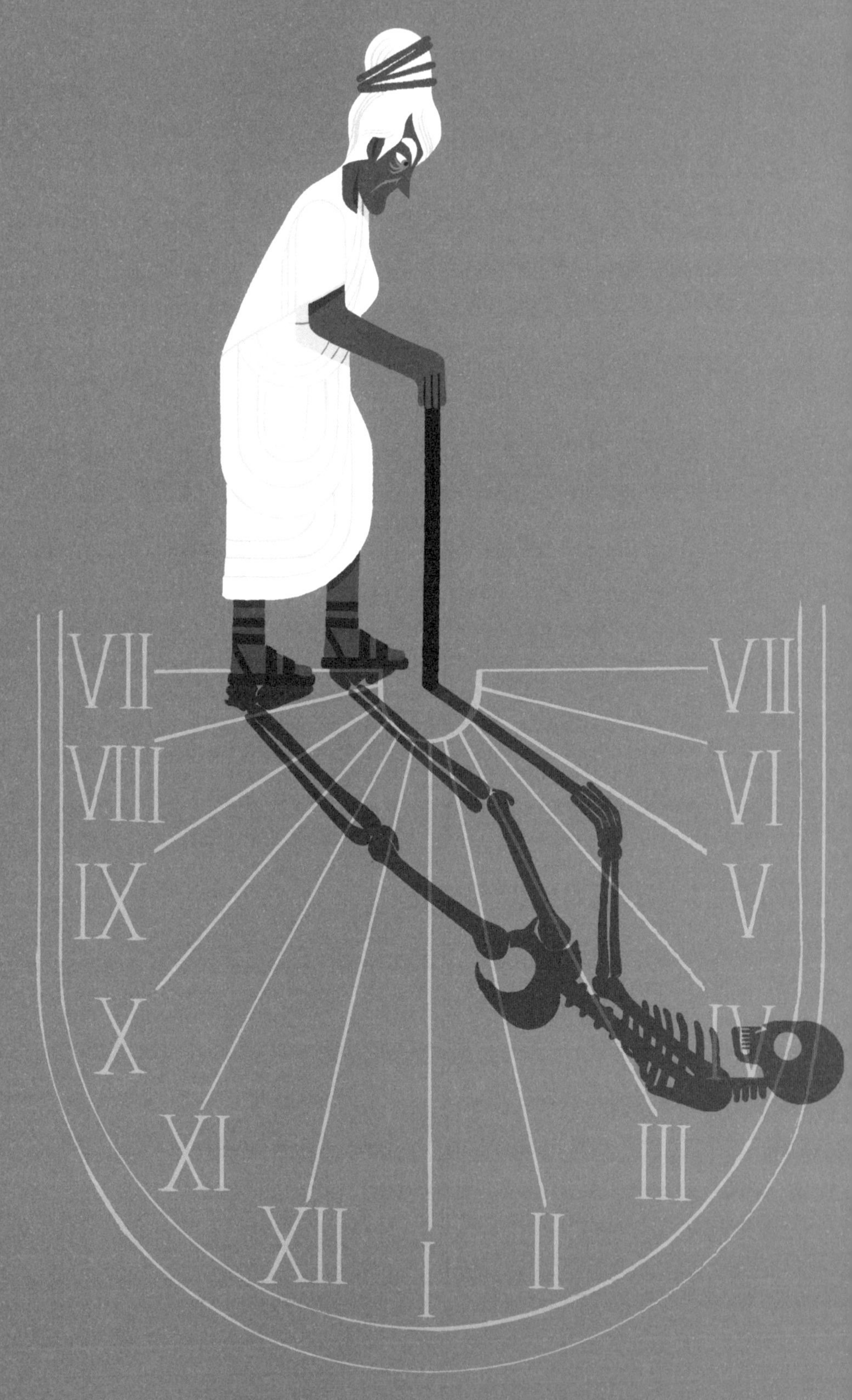
VII
VIII
IX
X
XI
XII
I
II
III
IV
V
VI
VII

XX

La vejez, eso sí, no acaba, como la infancia y la juventud, a una edad determinada, y uno puede seguir disfrutando de ella mientras esté en condiciones de asumir los deberes de su posición y cumplir con ellos y de burlar la muerte; lo que la vuelve más arrojada y fuerte que la juventud. Esto explica la respuesta que dio Solón al tirano Pisístrato cuando le preguntó de dónde procedía el denuedo con el que se oponía a él. «De la vejez», dicen que fue su contestación. De cualquier modo, el final más deseable para la vida es aquel que se produce con las facultades mentales y físicas intactas, cuando la naturaleza se encarga de ir deshaciendo la obra que ella misma ha cimentado. Igual que nadie destruye una nave o un edifico como quien los ha construido, la naturaleza, que con tanta destreza ha dado forma al hombre, es inigualable a la hora de disolverlo. Además, lo que se acaba de construir es difícil de echar abajo, mientras que lo antiguo se derriba con facilidad.

De lo que se sigue que los ancianos no deberían aferrarse con demasiada avidez a lo que les queda de vida ni renunciar a ello sin una causa justificada. Y Pitágoras prohíbe abandonar el puesto de guardia de la vida antes de recibir la orden del general en jefe, es decir, del dios. El sabio Solón escribió en verso que no quería que a su muerte faltaran el llanto y los lamentos de sus amigos. En mi opinión, quería poner de relieve el amor que le profesaban. Con todo, me inclino a pensar que Ennio lo expresa mejor al decir:

> Nadie me honre con lágrimas ni en mi sepelio gima.

Considera que la muerte no debe dar pena si la sigue la inmortalidad.

El hecho mismo de morir puede provocar cierto sentimiento, pero es solo pasajero, sobre todo para un viejo. En cambio, tras la muerte deja de experimentarse, cuando no resulta deseable. Aun así, desde la juventud en adelante es necesario que nos hagamos a la idea para que podamos tomar la muerte con indiferencia. Sin esta reflexión, nadie podrá vivir con ánimo sereno. Pues es seguro que vamos a morir y nadie puede garantizar que no vaya a ser hoy mismo. ¿Puede haber alguien capaz de mantenerse sereno si teme a la muerte, cuando esta nos amenaza a todas horas? No me parece que haga falta discutir mucho a este respecto cuando pienso no ya en Lucio Bruto, que murió liberando a la patria; ni en los dos Decios, que no dudaron en precipitarse al galope hacia un sacrificio voluntario; ni en Marco Atilio Régulo, que partió hacia el suplicio y la muerte por fidelidad a la palabra que había dado al enemigo; ni en los dos Escipiones, que quisieron contener con sus cuerpos el avance cartaginés; ni en tu abuelo, Escipión, Lucio Paulo, quien pagó con su vida en la ignominiosa derrota de Cannas la temeridad de su compañero de consulado, ni tampoco en Marco Marcelo, a quien ni siquiera el más cruel de los enemigos negó el honor de un funeral, sino en nuestras legiones, que, como he dicho en *Orígenes*, tantas veces han marchado con ánimo firme y alegre a lugares de los que sospechaban que no volverían jamás. ¿Cómo van a tener miedo los sabios ancianos de algo que desdeñan los jóvenes, y no solo los que carecen de formación, sino hasta los más zafios?

En definitiva, me parece a mí que, igual que se cansa uno de todas sus ocupaciones, acaba por cansarse de vivir. La infancia tiene ciertas aspiraciones; ¿las anhelan aún los jóvenes? También la primera juventud tiene las suyas; ¿las reclama la edad madura, la que llamamos «mediana»? Esta última las tiene asimismo, y no las ansían los viejos. Pues estos, finalmente, poseen las suyas propias, y, del mismo modo que los designios de la etapa anterior expiran al llegar la siguiente, los de la senectud acaban por apagarse, y cuando esto ocurre, cuando uno se ha saciado ya de la vida, puede decirse que está en sazón para morir.

XXI

No veo por qué no debería atreverme a deciros lo que opino de la muerte, ya que tengo la impresión de comprenderla mejor ahora que estoy más cerca de ella. Estoy convencido de que tu padre, Escipión, y el tuyo, Lelio, hombres ilustrísimos ambos y grandes amigos míos, están aún vivos y que, de hecho, están viviendo la única vida que merece llamarse así. Pues, mientras estamos sujetos por las ataduras del cuerpo, cumplimos con la función que nos ha impuesto la necesidad y lo hacemos con un esfuerzo considerable: nuestra alma celeste se ha visto arrojada de su altísima morada para quedar como sepultada en la tierra, lugar hostil para su naturaleza divina y eterna. Pero estoy convencido de que los dioses inmortales repartieron las almas entre los cuerpos humanos para que cuidasen de la tierra y, contemplando la armonía de lo celeste, la imitasen en la conducta y la constancia de su vida. Y si creo esto no es solo a fuerza de razonar y debatir, sino también por la reputación y autoridad de los más grandes filósofos.

Tengo entendido que Pitágoras y sus discípulos, que eran casi compatriotas nuestros, pues no en vano los llamaban antes «filósofos itálicos», no albergaron nunca duda alguna de que nuestras almas son emanaciones de la mente divina universal. También se me ha referido lo que expuso el día mismo de su muerte sobre la inmortalidad de las almas Sócrates, a quien el oráculo de Apolo declaró el más sabio de los hombres. ¿Para qué decir mucho más? Esto es lo que yo pienso y estoy convencido de ello: tanta es la agilidad del alma, tanta su memoria de las cosas pasadas y su previsión de las que están por venir; tantas artes domina y tantas ramas del conocimiento; tantos inventos crea que su naturaleza, que contiene todas estas cosas, no puede ser mortal. Y, dado que está siempre en movimiento sin que la impulse nada, pues se mueve por sí misma, tal movimiento no puede tener fin, pues nunca ella se abandonará a sí misma. Y, comoquiera que su naturaleza es simple en el sentido de que no contiene mezcla ni nada que sea heterogéneo, no puede dividirse ni puede, por consiguiente, perecer. Sirva de argumento contundente de que los hombres tienen conocimiento de muchas cosas antes incluso de nacer el hecho de que, ya de niños, cuando estudian materias complicadas, adquieren con tanta rapidez un número tan grande de conocimientos que se diría que, en lugar de aprenderlos por primera vez en ese momento, están recordándolos y evocándolos. Tal cosa es, en esencia, lo que enseñaba Platón.

XXII

En la obra de Jenofonte, Ciro el Viejo dice lo siguiente en su lecho de muerte:

> No penséis, queridos hijos, que dejaré de existir cuando os haya dejado, pues, aunque no hayáis visto mi alma mientras me encontraba entre vosotros, sabíais que estaba en mi cuerpo por las empresas que llevaba a término. Conque podéis seguir creyendo en su presencia aun cuando nada veáis. No sobreviviría, desde luego, la fama de los hombres ilustres a su muerte si sus almas mismas no hicieran nada para que retuviésemos más tiempo su memoria. Nunca he podido convencerme de que las almas que están vivas mientras habitan los cuerpos mortales mueren al salir de ellos, ni, por supuesto, de que pierden la capacidad de pensar al abandonar un cuerpo que carece de ella. Más bien creo que se vuelven sabias en el momento en que se ven liberadas de toda mezcla con el cuerpo y se presentan en estado puro e íntegro. Además, cuando la naturaleza del hombre se ve deshecha por la muerte, es fácil observar adónde va cada una de sus otras partes, pues todas regresan al lugar en que se originaron; pero el alma es la única que no vemos ni cuando está presente ni cuando se va. Ya

veis que no hay nada que se parezca tanto a la muerte como el sueño, y que las almas de quienes duermen manifiestan en grado sumo su natural divino. De hecho, cuando se encuentran relajadas y libres prevén muchas de las cosas que están por venir. Por ello se sabe cuál será su estado futuro, cuando sacudan por completo los grilletes del cuerpo. Si esto es así, veneradme como a un dios. Si no, y el alma está destinada a perecer con el cuerpo, como hombres respetuosos que sois de los dioses, custodios y rectores de la belleza del universo, conservaréis mi recuerdo con la devoción que se le profesa a lo sagrado.

XXIII

Esta era la opinión de un Ciro agonizante. Ahora, si me permitís, os daré la mía.

Nadie podrá convencerme nunca, Escipión, de que tu padre, Paulo; tus dos abuelos, Paulo y Africano; el padre o el tío paterno de Africano, ni otros muchos hombres ilustres que no necesito enumerar habrían acometido nunca tantas hazañas destinadas a permanecer en la memoria de las generaciones futuras de no haber estado seguros de que tal memoria los incluiría también a ellos. ¿O crees —por alardear también un poco de mí mismo como hacemos lo viejos— que yo me habría afanado tanto en mis empeños, de noche y de día, en tiempos de paz y de guerra, si fuese a acabar mi gloria al mismo tiempo que mi vida? ¿No habría sido mucho mejor para mí llevar una existencia ociosa y tranquila, libre de afanes y fatigas? Sin embargo, no sé cómo, mi alma, irguiéndose, miraba siempre hacia la posteridad, como convencida de que no viviría de verdad sino después de haber partido de esta vida. En efecto, de no ser cierto que el alma es inmortal, no sucedería que las de los más eximios se esfuerzan más que ninguna en alcanzar la gloria de la inmortalidad. ¿Y qué me decís del hecho de que los más sabios mueran con la mayor ecuanimidad y los más necios totalmente exentos de ella? ¿No os parece posible que el alma de aquellos, dotada de una visión más amplia y perspicaz, sepa que se dirige a un lugar mejor, mientras que la de estos, mucho menos aguda, no logre percibirlo?

Creedme que estoy deseando ver a vuestros padres, a quienes veneraba y amaba, y no solo a las gentes a las que he conocido, sino también a aquellas de las que he oído hablar, aquellas de las que he leído o aquellas sobre las que yo mismo he escrito, y, una vez que parta, no habrá quien pueda retenerme fácilmente ni cocerme como a Pelias para devolverme la juventud. Y, si algún dios me concediese el poder de abandonar mi edad y volver a ser niño, de llorar de nuevo en mi cuna, no querría, desde luego, volver a la línea de salida desde la meta una vez hecho todo el recorrido, por así decirlo.

¿Qué tiene la vida de ventajoso a fin de cuentas? O mejor: ¿qué penalidades no nos ofrece? Pero digamos que nos brinda algún provecho; en tal caso, siempre llega un momento en que cansa o se acaba. No me gusta, ni por asomo, despotricar de la vida como han hecho a menudo muchos hombres doctos ni me arrepiento de haber vivido, pues la existencia que he llevado me hace pensar que no nací en vano, y dejo la vida como quien abandona no su casa, sino una posada, por cuanto la naturaleza nos ha dado un lugar en el que alojarnos unos cuantos días y no en el que aposentarnos.

¡Ay, qué feliz será el día en que partiré para reunirme con la divina asamblea de las almas y me apartaré de este tumulto y esta confusión! Entonces iré a reunirme no solo con los varones que ya he mencionado, sino también con mi hijo, mi Catón, el mejor de cuantos hombres han nacido y a quien nadie ha superado en amor filial, cuyo cuerpo tuve que incinerar yo cuando lo apropiado habría sido que hubiese incinerado él el mío. Pero su alma nunca me abandonó, sino que se volvió para mirarme y seguro que se dirige hacia el lugar al que sabe que debo acudir yo mismo. Se da por hecho que soporté mi desgracia con entereza, pero si mostré constancia de ánimo no fue por fortaleza, sino porque me consolaba pensando que no estaríamos separados y alejados mucho tiempo.

Por todo esto, Escipión —ya que decís Lelio y tú que os resulta admirable—, me es tolerable la vejez, y no solo no me parece molesta, sino que me procura hasta gozo. Y, si me equivoco al pensar que el alma del hombre es inmortal, lo hago de buen gusto y no quiero que me saque nadie mientras viva de este error que tanto placer me produce. Pero, si una vez muerto, como creen algunos filósofos de poca monta, no voy a sentir nada, tampoco me da miedo que estos, al morir, se rían de mí. Aun así, si no estamos llamados a ser inmortales, resulta deseable que la vida del hombre se apague en su momento justo. Pues la naturaleza, que ha determinado el final de todas las cosas, ha hecho lo propio con la vida. La senectud es, por así decirlo, el último acto de la comedia del mundo, y es nuestro deber abandonar el teatro cuando nos resulte aburrido y, desde luego, cuando hayamos tenido más que suficiente.

Esto es lo que tenía que decir de la vejez. ¡Ojalá la alcancéis ambos y podáis comprobar por propia experiencia lo que de mí habéis oído!

Es ineludible nuestra cita con la vejez, al igual que es imposible no temer o idealizar ese periodo de nuestras vidas, aún más ilustrando este tratado. Tener que representar gráficamente las reflexiones de Cicerón me puso delante de una pantalla que intento esquivar, donde se muestran mis proyecciones de futuro, pues tienden a ser agoreras o aparentemente irrealizables, e intento que mis sueños no me desvelen.

Dicen que el tiempo todo lo cura, pero nunca sanará los estragos que provoca al pasarnos por encima. Es un tren que no podemos dejar pasar pero que nos arrolla a su paso, con su trepidante ritmo en estos tiempos cada vez más veloces, donde la inmediatez convierte el presente en pasado sin que nos dé tiempo a digerirlo. Tal vez la clave esté en vivir a nuestro ritmo para poder estirar el tiempo, aceptar que la vejez es una realidad que según se acerca es más difícil de esquivar y esperar que nos pille sintiéndonos jóvenes.

¡Salud!

DANIEL MONTERO